www.ingramcontent.com/pod-product-compliance
Lightning Source LLC
LaVergne TN
LVHW010423070526
838199LV00064B/5404
9789358726084

اسلام اور انسانی حقوق

(مضامین)

سید جلال الدین عمری

© Taemeer Publications LLC
Islam aur Insani Huqooq (Essays)
by: Syed Jalaluddin Umri
Edition: March '2024
Publisher :
Taemeer Publications LLC (Michigan, USA / Hyderabad, India)

ISBN 978-93-5872-608-4

مصنف یا ناشر کی پیشگی اجازت کے بغیر اس کتاب کا کوئی بھی حصہ کسی بھی شکل میں بشمول ویب سائٹ پر اَپ لوڈنگ کے لیے استعمال نہ کیا جائے۔ نیز اس کتاب پر کسی بھی قسم کے تنازع کو نمٹانے کا اختیار صرف حیدرآباد (تلنگانہ) کی عدلیہ کو ہو گا۔

© تعمیر پبلی کیشنز

کتاب	:	اسلام اور انسانی حقوق (مضامین)
مصنف	:	سید جلال الدین عمری
پروف ریڈنگ / تدوین	:	اعجاز عبید
صنف	:	مذہب
ناشر	:	تعمیر پبلی کیشنز (حیدرآباد، انڈیا)
سالِ اشاعت	:	۲۰۲۴ء
صفحات	:	۳۰
سرورق ڈیزائن	:	تعمیر ویب ڈیزائن

پیش لفظ

راقم نے 'اسلام اور انسانی حقوق' کے موضوع پر نومبر ۲۰۰۴ء میں ایک تقریر کی تھی، جو کتابچہ کی شکل میں شائع ہو چکی ہے۔ یہی تقریر یہاں حذف واضافہ اور نظر ثانی کے بعد نئی شکل میں پیش کی جا رہی ہے۔ اس موضوع پر میری ایک مستقل کتاب 'اسلام۔ انسانی حقوق کا پاسبان' کے نام سے پہلے سے موجود ہے۔ اس مضمون میں اس کا ایک طرح سے خلاصہ آگیا ہے۔

(سید جلال الدین عمری)

انسانی حقوق کا تصور اور اس کی تاریخ

انسانی حقوق کے بارے میں یہ تصور دیا جاتا ہے کہ اس کا احساس جیسے آج ہے، اس سے پہلے نہیں تھا۔ انسانوں کی اکثریت اپنے بنیادی حقوق سے محروم تھی اور ظلم کی چکی میں پس رہی تھی۔ کبھی کہیں سے کوئی آواز اٹھتی بھی تو طاقت ور طبقات کے مضبوط ہاتھ اسے دبانے میں کامیاب ہو جاتے۔ اس کی آزادی کا صحیح معنوں میں

احساس مغرب کو ہوا اور مغرب ہی نے اس کا واضح تصور دیا۔ کہا جاتا ہے کہ فرانس کے الفانسو شاہ نہم نے یہ قانون منظور کیا یا اس سے منظور کرایا گیا کہ کسی کو بلا وجہ قید نہیں کیا جا سکتا۔ دوسرے لفظوں میں حبسِ بے جا کو کالعدم قرار دیا گیا۔ اسے انسانی حقوق کی تاریخ میں بہت بڑا اقدام سمجھا جاتا ہے۔ پھر اس کے بعد فرانس ہی میں روسو پیدا ہوا، اس کی کتاب کا اور اس نے انسانی آزادی کا جو تصور دیا اس کا بڑا چرچا رہا۔ اس نے کہا کہ انسان فطرتاً آزاد ہے اور اسے آزاد ہونا چاہیے۔ اس کتاب کا مختلف زبانوں میں ترجمہ ہوا اور یہ بڑی انقلابی کتاب سمجھی گئی۔ اردو زبان میں بھی اس کا ترجمہ 'معاہدۂ عمرانی' کے نام سے موجود ہے۔ اس کتاب کے بعد فرانس میں ایک طرح کی ہلچل پیدا ہوئی اور Declaration of Rights of the Man نامی اعلانیہ شائع ہوا، جس میں انسانی حقوق کا تذکرہ تھا۔

حقوقِ انسانی کا عالمی منشور

اس نوع کی اور بھی کوششیں جاری رہیں۔ ان کا عروج یہ تھا کہ ۱۰ ؍ دسمبر ۱۹۴۸ء کو اقوام متحدہ نے حقوقِ انسانی کا عالمی منشور (The Universal Declaration of Human Rights) منظور کیا اور اسے دنیا کے سامنے پیش کیا۔ اسے اس سلسلے کا بڑا انقلابی قدم سمجھا جاتا ہے۔ اور یہ خیال کیا جاتا ہے کہ انسانی حقوق کا بہت ہی صاف اور واضح تصور اس کے اندر موجود ہے اور انسانوں کو ظلم و

زیادتی سے بچانے کی یہ ایک کامیاب کوشش ہے۔

اس منشور میں تین باتوں پر زور دیا گیا ہے:

(۱)   فرد کی آزادی

(۲)   عدل و انصاف

(۳)   مساوات

قانون کے ماہرین کے نزدیک یہ اس اعلانیے کی بنیادی خصوصیات ہیں۔ اگر یہ تینوں چیزیں انسان کو مل جائیں تو اس کے حقوق محفوظ ہو جاتے ہیں۔

اس منشور کی خامیاں

اس منشور میں بعض خامیاں بھی ہیں اور عملی رکاوٹ بھی ہے۔ ایک یہ کہ یہ منشور منظور تو ہو گیا، لیکن اس کے پیچھے کوئی قوتِ نافذہ نہیں ہے۔ اگر کوئی ملک خاص طور پر کوئی طاقت ور ملک اس کی خلاف ورزی کرے تو اسے اس کا پابند بنانے کی کوئی ٹھوس اور موثر تدبیر اس میں تجویز نہیں کی گئی ہے۔ اس کا ثبوت آپ آج کی دنیا میں دیکھ سکتے ہیں کہ ایک بڑا ملک اپنی طاقت کے نشہ میں پوری دیدہ دلیری کے ساتھ انسانی حقوق کی خلاف ورزی کر رہا ہے اور کوئی اسے روکنے والا نہیں ہے۔

دوسری بات یہ کہ اس میں مذہبی آزادی کو تسلیم کیا گیا ہے، لیکن اس آزادی کے صحیح معنوں میں حدود متعین نہیں ہوئے ہیں۔ فرض کیجیے کہ اگر مذہبی آزادی کا

تصور صرف یہ ہے کہ آدمی پوجا پاٹ کرے، عبادت گھر میں جا کے اللہ کی عبادت کرے، مسجد میں نماز پڑھ لے، چرچ میں اپنے مذہب کے مطابق دعا میں شریک ہو جائے، گردوارے میں یا جس کی جو عبادت گاہ ہے اس میں پہنچ جائے اور عبادت کے مراسم بجالے آئے تو یہ بھی ایک آزادی ہے۔ اس سے آگے بعض نجی اور خاندانی معاملات میں آزادی دے کر کہا جاسکتا ہے کہ یہ مذہبی آزادی ہے۔ آج مذہبی آزادی کا اس سے زیادہ کوئی تصور فی الواقع ہے بھی نہیں، لیکن اسلام کے معاملے میں مشکل یہ ہے کہ وہ پوری زندگی کے بارے میں ہمیں ہدایات فراہم کرتا اور ان کی پابندی کا حکم دیتا ہے۔ ایسا کوئی دستور نہیں ہے جو یہ کہے کہ مسلمانوں کو اپنے مذہب کے تمام احکام پر چلنے کی آزادی ہے اور وہ اپنے دائرے میں اپنا قانون نافذ کرسکتے ہیں۔

تیسری بات یہ کہ مغرب میں کلیسا اور اس کے زیر اثر برسر اقتدار طبقہ نے انسان کی آزادیِ فکر و عمل اور اس کے بنیادی حقوق کے سلسلے میں انتہائی غلط رویہ اختیار کیا جس کا صحیح مذہب سے کوئی تعلق نہیں تھا۔ اس کے ردِّ عمل میں حقوق انسانی کا موجودہ تصور ابھرا۔ اس میں مذہب کے حقیقی رول کو بالکل نظر انداز کر دیا گیا ہے۔ اللہ کے جو پیغمبر دنیا کے مختلف گوشوں میں اور مختلف زمانوں میں آئے ان کی کیا تعلیمات تھیں، ان کو جب اقتدار ملا تو ان کا کیا رویہ رہا اور انسانیت کس طرح فلاح سے ہم کنار ہوئی ہے؟ یہ چیز کہیں زیر بحث نہیں آتی۔ جیسے یہ طے کر لیا گیا ہو کہ مذہب سے ہٹ کر یا مذہب کو نظر انداز کر کے گفتگو کی جائے گی۔ اس وجہ سے یہ نہیں کہا جاسکتا کہ یہ کوئی معروضی یا غیر جانب دارانہ مطالعہ ہے، صاف بات ہے

کہ یہ جانب دارانہ مطالعہ ہے۔ جس میں پہلے سے طے کرلیا گیا ہے کہ مذہب کا حقیقی کردار زیر بحث نہیں آئے گا، بلکہ اسے نظر انداز کیا جائے گا۔

اسلام کا نقطۂ نظر

یہ ایک واقعہ ہے اور اسلام اسے تسلیم کرتا ہے کہ انسان پر ظلم و زیادتی ہوتی رہی ہے۔ انسانِ اوّل حضرت آدم علیہ السلام کی اولاد ہی میں ایک بیٹے نے دوسرے بیٹے کا محض اس وجہ سے خون بہا دیا کہ اس کی قربانی اللہ کے دربار سے رد ہوگئی اور اس کے بھائی کی قربانی نے شرف قبولیت حاصل کرلیا۔ لیکن اس کا ضمیر زندہ تھا۔ اسے بعد میں اس پر ندامت بھی ہوئی۔ (مزید تفصیل کے لیے ملاحظہ ہو: المائدۃ: ۲۷۔۳۱)

اس کا مطلب یہ ہے کہ اگر ظلم و زیادتی کو نہ روکا جائے تو ایک بھائی کے ہاتھ دوسرے بھائی کے خون سے رنگین ہوسکتے ہیں، اس لیے اسلام چاہتا ہے کہ ظلم و زیادتی کا ہر حال میں خاتمہ ہو اور کسی کو اس بات کی اجازت نہ ہو کہ وہ دوسرے کو جور و ستم کا نشانہ بنائے۔ اس کے لیے اس نے ایک جامع اور مکمل قانون پیش کیا ہے۔ اس سے عدل و انصاف کے تقاضے ہر پہلو سے پورے ہوتے ہیں اور انسان کو وہ تمام حقوق ملتے ہیں جو اسے فی الواقع ملنے چاہئیں اور جن کی ضرورت کل کی طرح آج بھی ہے۔ یہ قانون متمدن دنیا کے بڑے حصہ پر صدیوں تک نافذ رہا ہے اور دنیا

اس کا کامیاب تجربہ کر چکی ہے۔

قرآن و حدیث میں انسانی حقوق کا بیان

قرآن مجید میں احکام و قوانین کا ذکر مروجہ قانون کی زبان میں نہیں ہے۔ قانون کی کتابوں کی طرح ان میں ابواب اور دفعات کی شکل میں قوانین نہیں بیان ہوئے ہیں، بلکہ حالات کے لحاظ سے وقتاً فوقتاً ان کا نزول ہوتا رہا ہے اور اسلام کی اساسی تعلیمات کے درمیان یہ پھیلے ہوئے ہیں۔ اسی طرح ان میں سے کسی قانون کا بالعموم ایک جگہ بیان نہیں ہے، بلکہ اس کے ایک پہلو کا ایک جگہ اور دوسرے پہلو کا دوسری جگہ ذکر ہے۔ ان سب کو سامنے رکھنے سے قانون کی صحیح تصویر سامنے آتی ہے۔ یہی طریقہ اس نے انسانی حقوق کے بیان میں اختیار کیا ہے۔ پھر احادیث میں ان کی تفصیلات ملتی ہیں اور یہ معلوم ہوتا ہے کہ کس قانون پر کس طرح عمل ہوا۔ احادیث قرآن مجید کی سب سے مستند تشریح ہیں۔ احادیث سے ہمیں بعض نئے قوانین کا بھی علم ہوتا ہے۔

فقہاء کی تشریحات

اس کے ساتھ اسلامی قانون کی توضیح و تشریح کی علمائے امت نے غیر معمولی

خدمات انجام دی ہیں۔ ان کی قانونی و فقہی بصیرت کا انکار نادانی اور بے خبری کی دلیل ہو گی۔ انھوں نے جس ژرف نگاہی کے ساتھ اسلامی قانون کا مطالعہ اور تحقیق کی ہے اس کی نظیر آسانی سے نہیں پیش کی جاسکتی۔ متنِ قانون کے ایک ایک پہلو اور اس کے ایک ایک لفظ پر ان کے یہاں جو مباحث موجود ہیں اس سے قانون کے مختلف گوشے سامنے آتے ہیں اور قانونی دشواریوں کے حل کرنے میں مدد ملتی ہے۔

اسلامی قانون پر اعتراضات

آج غیر جانب داری اور عدم تعصب کا چرچا تو بہت ہے، لیکن اسلام نے انسان کو جو حقوق دیے ہیں ان کا صحیح معنی میں اعتراف نہیں ہوتا۔ ایک بات یہ کہی جاتی ہے کہ آج انسان فکر و نظر اور تہذیب و تمدن کے لحاظ سے جس مقام پر پہنچ چکا ہے، صدیوں پرانا قانون اس کے تقاضے پورے نہیں کر سکتا۔ یہ بھی کہا جاتا ہے کہ اسلامی قانون کے ذریعہ بہت سے معاملات میں عدل و انصاف کے تقاضے پورے نہیں ہوتے۔ لیکن یہ باتیں کسی تحقیق اور گہرے غور و فکر کا نتیجہ نہیں ہیں۔ اسلام کی اساسی تعلیمات اور اس کا پورا نظام فکر و عمل ان کی تردید کرتا ہے۔ اسلامی قانون کا مطالعہ بتاتا ہے کہ آج جن حقوق کا چرچا ہے اور جن کے حصول کے لیے جدوجہد اور کشمکش جاری ہے، اسلام نے بہت پہلے ان حقوق کا واضح تصور ہی نہیں دیا، بلکہ ان

کے لیے قانونی ضمانت فراہم کی۔ انسان کے کسی ایسے بنیادی حق کی نشان دہی نہیں کی جاسکتی جو اسلامی قانون نے اسے نہ دی ہو۔ یہ سب کچھ ان حالات میں ہوا کہ معاشرہ کے طاقت ور افراد کو ہر طرح کے حقوق حاصل تھے اور کم زور کا کوئی حق نہ تھا۔ اس کے لیے کم زور کو کوئی جنگ یا کش مکش نہیں کرنی پڑی، بلکہ اسلام نے خود سے یہ حقوق اسے فراہم کیے۔

بعض راہ نما اصول

اسلام نے انسان کو جو حقوق دیے ہیں ان پر گفتگو سے پہلے یہ بات پیش نظر رہنی چاہیے کہ اس کائنات اور انسان کے بارے میں اس کا ایک خاص نقطۂ نظر ہے۔ اس کی بنیادی اہمیت ہے۔ اس کی بعض اصولی تعلیمات ہیں، جن سے وہ کسی قیمت پر ہٹتا نہیں اور اس کا کوئی قانون ان تعلیمات سے ٹکراتا نہیں ہے۔ اگر آپ کوئی قانون وضع یا نافذ کریں تو آپ کو اس بات کا خیال رکھنا ہو گا کہ وہ ان بنیادی تعلیمات سے متصادم نہ ہو۔ اگر وہ ان سے متصادم ہے تو اسلامی قانون نہیں ہو گا۔ مثال کے طور پر قرآن کہتا ہے کہ اس دنیا کا خالق و مالک اللہ ہے، ہر چیز اس کی ملکیت ہے۔ یہ اس کا ایک بنیادی تصور ہے۔ اس تصور نے ہر ظالم اور جابر کا اقتدار ختم کر دیا ہے اور اسے بتا دیا ہے کہ تم مالک نہیں ہو، مالک تو اللہ ہے۔ اگر کوئی شخص اللہ تعالیٰ کو اس حیثیت سے تسلیم کرتا ہے تو یہ نہیں کہہ سکتا کہ میرے پاس اقتدار

ہے، میں بادشاہِ وقت ہوں، کسی بڑی جائیداد اور پراپرٹی کا مالک ہوں، لینڈ لارڈ یا صنعت کار ہوں یا میری کوئی اور حیثیت ہے، اس لیے جو چاہوں کر سکتا ہوں۔ جب اصل مالک اللہ ہے تو انسان اس کی ملکیت میں اس کی مرضی ہی کے مطابق تصرف کر سکتا ہے۔ اللہ کی عطا کردہ قوت و طاقت یا وسائل و ذرائع کو اس کی مرضی کے خلاف یا اس کے بندوں پر ظلم و زیادتی کے لیے استعمال نہیں کر سکتا۔ ایک اور مثال لیجیے۔ خدا کے بارے میں اسلام کے عقیدے کا ایک لازمی جزو یہ ہے کہ موت و حیات اللہ کے ہاتھ میں ہے۔ وہ جب تک چاہتا ہے انسان دنیا میں رہتا ہے اور جب اس کی مرضی ہوتی ہے وہ چلا جاتا ہے۔ بعض بچے ماں کے پیٹ ہی میں مر جاتے ہیں ۔کوئی پیدا ہوتے ہی مر جاتا ہے۔ کوئی جوان ہو کے مرتا ہے، کوئی بوڑھا ہو کر مرتا ہے۔ یہ فیصلہ کرنا کہ کوئی آدمی اس دنیا میں کب تک زندہ رہے گا، اللہ کا کام ہے۔ اس سے زندگی سلب کرنے کا کسی کو حق نہیں ہے۔ وہ ایسا کرتا ہے تو اللہ کے اقتدار میں دخل دیتا ہے اور اسے اس کی سزا ملے گی۔ اسی طرح وہ کہتا ہے کہ انسان صرف ایک خدا کا بندہ ہے اور اسے بندہ ہی بن کر رہنا ہوگا۔ یہ کوئی معمولی بات نہیں ہے۔ اس میں اس بات کا اعلان ہے کہ انسان پر حکومت صرف اللہ کی ہونی چاہیے، کسی دوسرے کو اسے غلام بنانے کا حق نہیں ہے۔ اور ہر اقتدار کو اللہ کے اقتدار کے تابع ہونا چاہیے۔ اس سے آزاد ہو کر کسی انسان پر دوسرے انسان کا مذہبی اقتدار جائز ہے نہ سیاسی اقتدار۔ اسی طرح قرآن کہتا ہے کہ انسان محترم ہے۔ اس احترام کے بہت سے پہلو ہیں۔ اسے اس کے فطری حقوق سے محروم کرنا اس احترام کے منافی ہے۔ اگر انسان کو ذلیل کیا گیا تو وہ محترم نہیں رہا، ذلیل ہوا۔ قرآن مجید اس کے خلاف

ہے۔ اسی طرح اسلام کے نزدیک قانون دینے کا حق صرف اللہ کو ہے اور انسان اس قانون کا پابند ہے۔ ہاں اس کے عطا کردہ قانون کی روشنی میں وہ حالات کے لحاظ سے اجتہاد کر سکتا ہے۔ اس کا مطلب یہ ہے کہ یہاں کسی فرد یا جماعت کو مطلق فرماں روائی کا حق حاصل نہیں ہے۔ اللہ کے قانون کے حاکم اور محکوم دونوں ہی پابند ہوں گے۔ یہ اس کے بعض بنیادی تصورات ہیں۔ دنیا کے ہر دستور میں تمہیدی باتیں یا رہنما اصول ہوتے ہیں۔ اسلام کے اساسی تصورات کو راہنما اصول کہا جا سکتا ہے۔ ان سے انسانی حقوق کا متعین تصور ابھرتا ہے اور ایک خاص رُخ اختیار کرتا ہے۔

اسلام نے صرف قانون ہی نہیں دیا ہے، بلکہ وہ آگاہ کرتا ہے کہ اگر اس قانون پر عمل نہ ہو تو اللہ کے یہاں اس کی گرفت ہوگی۔ وہ آخرت کا خوف پیدا کرتا ہے، جس کی وجہ سے قانون کے احترام اور اس کی پابندی کا جذبہ آدمی کے اندرون سے ابھرتا ہے۔ آخرت پر یقین ہو تو انسان اللہ کے قانون کی خلاف ورزی آسانی سے نہیں کر سکتا۔

حقِ حیات

انسان کے حقوق شخصی، ذاتی، سماجی، معاشی، سیاسی کئی طرح کے ہیں جو اسے لازماً ملنے چاہئیں۔ ان میں اس کا اولین اور بنیادی حق یہ ہے کہ اسے زندہ رہنے دیا

جائے۔ قرآن مجید کے سرسری مطالعہ سے بھی یہ معلوم کرنا مشکل نہیں ہے کہ اس نے اس حق کو کتنی اہمیت دی ہے۔ وہ کہتا ہے کہ ہر انسان جو خدا کی اس زمین پر پیدا ہوتا ہے اسے زندہ رہنے کا حق ہے۔ بعض لوگ اس کے اس حق کو پامال کر رہے تھے، اس نے ان کے خلاف آواز بلند کی۔ جو لوگ معاشی، سماجی، مذہبی یا کسی بھی وجہ سے انسان کی جان کا احترام نہیں کر رہے تھے قرآن نے ان کو چیلنج کیا۔ اس نے کہا کہ کسی کو کسی کی زندگی چھیننے کا حق ہی حاصل نہیں ہے۔ قانون کے ماہرین کہتے ہیں کہ کوئی حق مطلق (Absolute) نہیں ہوتا۔ اس کے ساتھ شرائط ہوتے ہیں اور اس میں استثنا بھی ہوتا ہے۔ قرآن نے صاف الفاظ میں اس کی وضاحت کی ہے۔ وہ کہتا ہے کہ انسان کی جان بے شک محترم ہے، لیکن حق و انصاف کا احترام اس سے زیادہ ضروری ہے۔ لہٰذا حق و انصاف کا تقاضا ہو تو انسان کی جان لی بھی جا سکتی ہے۔ بعض جرائم وہ ہیں جن کے ارتکاب کے بعد وہ اپنا حق حیات کھو دیتا ہے۔

وہ اللہ کے نیک بندوں کا ایک وصف یہ بیان کرتا ہے۔

وَلَا یَقْتُلُوْنَ النَّفْسَ الَّتِیْ حَرَّمَ اللّٰہُ اِلَّا بِالْحَقِّ (الفرقان:٦٨)

وہ انسانی جان کو جسے اس نے محترم قرار دیا ہے قتل نہیں کرتے مگر حق کے ساتھ۔

مطلب یہ کہ حق و انصاف کا تقاضا ہو تو اللہ کے نیک بندے انسان سے اس کا حق حیات چھین لیتے ہیں، لیکن اگر حق و انصاف اجازت نہ دے تو کسی بھی شخص کو خواہ وہ وقت کا بادشاہ اور مملکت کا فرماں رواہی کیوں نہ ہو، یہ حق نہیں دیا جا سکتا کہ وہ کسی کو اس کے زندہ رہنے کے حق سے محروم کر دے۔

حقِ مساوات

انسانی حقوق پر جو کتابیں لکھی گئی ہیں ان میں مساوات کو تمام اجتماعی حقوق کی اساس قرار دیا گیا ہے۔ کہا جاتا ہے کہ اسی تصور سے تمام حقوق نکلتے ہیں کہ سارے انسان مساوی حیثیت کے مالک ہیں۔ ان میں عورت، مرد، بڑے، چھوٹے، امیر، غریب، مالک اور مزدور سب کا درجہ ایک ہے۔ ان میں رنگ و نسل، وطن، علاقے، جنس اور صنف کی بنا پر کوئی فرق نہیں ہونا چاہیے۔ اسلام نے مساوات کی یہ آواز جتنے زوردار طریقے سے اٹھائی، اس سے زور دار آواز اٹھائی نہیں جاسکتی۔ قرآن کی آیات اس سلسلے میں معروف ہیں۔ حجۃ الوداع کے موقعے پر رسول اللہ نے جو بے نظیر خطبہ دیا، جسے انسانی حقوق کا اولین منشور کہیں تو بے جا نہ ہو گا، اس میں آپ نے فرمایا:

لا فضل لعربی علی عجمی ولا لعجمی علی عربی ولا لاحمر علی اسود ولا لاسود علی احمر الا بالتقوٰی (مسند احمد، ۵/ ۴۱۱)

نہ تو عربی کو عجمی پر اور نہ عجمی کو عربی پر کوئی فضیلت ہے اور نہ گورے کو کالے پر اور نہ کالے کو گورے پر کوئی فضیلت ہے، الّا یہ کہ (کسی میں) تقویٰ ہو۔

رسول اللہ ﷺ نے اپنے اس ارشاد میں سب سے پہلے عرب کا ذکر فرمایا۔ اس لیے کہ عربوں کے ذریعے اسلامی انقلاب آیا تھا۔ عرب اس وقت تختِ

حکومت پر فائز اور فرماں روا تھے۔ ان سے کہا گیا کہ یاد رکھو کسی عربی کو کسی عجمی پر فوقیت نہیں ہے اور کسی گورے کو کسی کالے پر کوئی فضیلت نہیں ہے۔ ’الا بالتقویٰ‘ کا مطلب یہ ہے کہ برتری تقویٰ سے حاصل ہوتی ہے۔ اگر کسی کے اندر تقویٰ ہے تو وہ افضل ہے، اس کا احترام ضرور ہونا چاہیے اور سوسائٹی میں اس کی عزت و توقیر ہونی چاہیے۔ اس کی جگہ یہ دیکھنا کہ کون گورا ہے، کون کالا، کون عربی ہے اور کون عجمی، کس کا کس ملک سے تعلق ہے اور کون مرد ہے اور کون عورت ہے، ناجائز اور غیر اسلامی رویہ ہے۔ یہ اعلان اس وقت ہوا جب دنیا میں مساوات کا واضح تصور تک نہیں پایا جاتا تھا۔

حقِ انصاف

انسان کا ایک بنیادی حق یہ مانا جاتا ہے کہ اسے عدل و انصاف حاصل ہو۔ اس معاملے میں اسلام کا موقف بہت واضح ہے۔ وہ پوری امت مسلمہ کو عدل و انصاف کی علم بردار کی حیثیت سے پیش کرتا ہے۔ اسے حکم ہے کہ ہر فرد کے ساتھ بے لاگ انصاف کرے اور دشمن کے ساتھ بھی عدل و انصاف کی روش پر قائم رہے اور کسی بھی معاملے میں ناانصافی کا رویہ نہ اختیار کرے، اس لیے کہ یہ تقویٰ اور خدا ترسی کے سراسر خلاف ہے۔ عدل و انصاف کے خلاف قدم اٹھاتے ہوئے آدمی کو خدا کی پکڑ سے بچنا چاہیے اور اسے یہ بات ذہن میں رکھنی چاہئے کہ اللہ کے علم سے

کوئی چیز پوشیدہ نہیں رہ سکتی۔ (ملاحظہ ہو: المائدۃ:۸)

قانون کی برتری

مساوات اور عدل وانصاف کا ایک لازمی تقاضا یہ ہے کہ معاشرے میں قانون کو برتری حاصل ہو، تاکہ ہر شخص اس اطمینان کے ساتھ اپنے فرائض انجام دے سکے کہ قانون اس کی پشت پر ہے اس لیے اس کے ساتھ کوئی ناانصافی یا اس کی حق تلفی نہ ہو گی۔ یہ بات اس طرح کہی جاتی ہے جیسے اس سے پہلے دنیا میں اس کا تصور ہی نہیں تھا۔ اسلام نے یہ بات بڑی وضاحت کے ساتھ کہی ہے کہ قانون کے سامنے سب برابر ہیں۔ اس کے مقابلے میں کسی کو دم مارنے کی اجازت نہ ہو گی۔ مشہور واقعہ ہے جو صحیح بخاری اور حدیث کی دوسری کتابوں میں موجود ہے کہ بنو مخزوم کی ایک عورت نے چوری کی تو نبی اکرم ﷺ سے درخواست کی گئی کہ اس عورت نے چوری کی ہے، لیکن شریف گھرانے کی ہے، اس کا ہاتھ نہ کاٹا جائے، کوئی اور سزا دے دی جائے۔ نبی ﷺ کو یہ بات سخت ناگوار گزری۔ آپ نے فرمایا کہ قومیں اسی طرح تباہ ہوئی ہیں کہ ان میں جو با اقتدار اور شریف سمجھے جاتے تھے انھوں نے اگر کوئی غلط کام کیا تو ان کو سزا نہیں دی گئی اور جو کمزور تھے ان کو سزا دی گئی۔ پھر اس کے بعد وہ تاریخی جملہ ارشاد فرمایا جو شاید پیغمبر ہی کی زبان سے نکل سکتا ہے۔ آپ نے فرمایا کہ محمد (ﷺ) کی بیٹی فاطمہؓ بھی چوری کرتی تو آج میں اس

کا ہاتھ کاٹ دیتا۔ (متفق علیہ) مطلب یہ کہ قانون کی نظر میں سب برابر ہیں۔ یہ بڑے کے لیے بھی ہے چھوٹے کے لیے بھی، مرد کے لیے بھی ہے اور عورت کے لیے بھی۔ اس سے کوئی مستثنیٰ نہیں ہے۔ یہ اتنا صاف اور واضح تصور ہے کہ قانون کی برتری کا اس سے بہتر اور واضح تصور پیش نہیں کیا جاسکتا۔

جرم عدالت سے ثابت ہوگا

کہا جاتا ہے کہ انصاف کے لیے ضروری ہے کہ جرم عدالت سے ثابت ہو۔ اس کے بغیر سزا نہ دی جائے۔ یہ تصور بھی شاید اسلام ہی سے اخذ کیا گیا ہے۔ حضرت عمرؓ فرماتے ہیں:

واللہ لا یوسر رجل فی الاسلام بغیر العدول (موطا امام مالک، کتاب الشہادات، باب ما جاء فی الشہادات)

قسم خدا کی کسی شخص کو قید نہیں کیا جائے گا جب تک کہ عادل لوگ اس کے مجرم ہونے کی گواہی نہ دیں۔

اسلام کے نزدیک ریاست کی ذمے داری ہے کہ وہ دیکھے کہ قانون کہیں مجروح تو نہیں ہو رہا ہے۔ رسول اللہ ﷺ کا ارشاد ہے:

الامام راع وھو مسؤل عن رعیتہ
(متفق علیہ)

امام نگراں ہے۔ اس سے اس کی رعیت کے بارے میں سوال ہو گا۔

راعی چرواہے اور نگراں کو کہا جاتا ہے۔ مطلب یہ کہ جس طرح ایک چرواہا بکریوں کے ریوڑ کا ذمے دار ہوتا ہے اسی طرح امام بھی اپنی رعیت کا ذمے دار ہے۔ اس کی حیثیت کسی مطلق العنان بادشاہ یا جابر و قاہر حاکم کی نہیں بلکہ چرواہے کی ہے، جو یہ دیکھتا رہتا ہے کہ کہیں کسی پر ظلم تو نہیں ہو رہا اور اس کے ساتھ ناانصافی تو نہیں ہو رہی ہے۔ ریاست کا فرض ہے کہ اس بات کی نگرانی کرتی رہے کہ کسی کا حق ضائع نہ ہونے پائے اور اسے کسی پہلو سے نقصان نہ پہنچے۔

معاشی جدوجہد کا حق

ایک بات یہ کہی جاتی ہے کہ انسان کو اپنی بنیادی ضرورتیں پوری کرنے کا حق ملنا چاہیے۔ اسلام کا نقطۂ نظر اس معاملے میں بالکل واضح ہی نہیں بہت وسیع ہے۔ وہ کہتا ہے کہ پوری زمین میں انسانوں کی معیشت کا سازوسامان پھیلا ہوا ہے۔ اس سے سب ہی استفادہ کر سکتے ہیں۔

وَلَقَدْ مَكَّنّٰكُمْ فِي الْاَرْضِ وَجَعَلْنَا لَكُمْ فِيْهَا مَعَايِشَ (الاعراف:١٠)

ہم نے تمھیں زمین میں اقتدار دیا اور اس میں تمھارے لیے معاش کے سامان رکھ دیے۔

اس کا مطلب یہ ہے کہ خدا کی اس زمین میں جو اسبابِ معاش ہیں ان سے

فائدہ حاصل کرنے کا ہر ایک کو حق ہے۔ ایک جگہ فرمایا:

فَامْشُوا فِيْ مَنَاكِبِهَا وَكُلُوا مِن رِّزْقِهِ۔۔۔ (الملک: ۱۵)

زمین کے کناروں پر چلو اور اللہ نے اس میں جو رزق رکھا ہے اسے کھاؤ۔

اس کے معنیٰ یہ ہیں کہ زمین کے ہر گوشے پر تمھیں پہنچنے اور اللہ نے جو رزق رکھا ہے اس سے فائدہ اٹھانے کا حق ہے۔ اسلام کے نزدیک حصولِ معاش میں کوئی ناجائز رکاوٹ قانوناً جرم ہے۔ اسلام انسان کو معاشی جدوجہد کی آزادی فراہم کرنے کے ساتھ اس بات کو بھی یقینی بناتا ہے کہ انسان کو اچھی غذا ملے۔ وہ گندی غذا استعمال کرنے اور گلی سڑی چیزیں کھانے پر مجبور نہ ہو جائے۔ قرآن کہتا ہے کہ اللہ کا انسان پر یہ احسان ہے کہ اسے طیبات دی گئی ہیں۔ اس سے یہ بات بھی نکلتی ہے کہ اسے طیب اور پاک صاف غذا ملنی چاہیے۔ یہ اس کا ایک بنیادی حق ہے۔ اس کے نزدیک لباس بھی انسان کی ایک فطری ضرورت ہے۔ آدم علیہ السلام جب ننگے ہو گئے تو انھوں نے کہا کہ اے اللہ میں ننگا ہو گیا ہوں۔ کچھ نہیں ملا تو درخت کے پتوں ہی سے خود کو چھپانے لگے۔ اسلام کی رو سے انسان کی یہ فطری ضرورت لازماً پوری ہونی چاہیے۔ اسی طرح اسے مکان ملنا چاہیے اور حسب سہولت اس کے پاس خادم بھی ہونا چاہیے۔ رسول اللہ ﷺ نے فرمایا کہ جس شخص کو ہم سرکاری خدمت پہ لیں گے اگر اس کی شادی نہیں ہوئی ہے تو اس کو یہ حق ہے کہ بیت المال سے شادی کے اخراجات لے، اپنے لیے کپڑے کا انتظام کرے۔ وہ اپنے لیے مکان بھی بنا سکتا ہے اور سواری بھی رکھ سکتا ہے۔ اس سے زیادہ کا حق اس کو نہیں ہو گا۔ علمائے کرام نے لکھا ہے کہ اس کا تعلق اس بات سے ہے کہ ریاست کی معاشی حالت کیا ہے؟

بہر حال اسلامی ریاست یہ ذمے داری لیتی ہے کہ کوئی شخص بھوکا پیاسا نہ رہے اور یہ سوچنے پر مجبور نہ ہو جائے کہ اب میرا کوئی پوچھنے والا نہیں رہا۔ صحیح حدیثوں میں آیا ہے کہ نبی ﷺ نے فرمایا کہ من ترک مالا فلورثتہ یعنی کوئی شخص اس حال میں دنیا سے جارہا ہے کہ اس نے مال چھوڑا ہے تو یہ اس کے وارثوں کا حق ہے۔ و من ترک عیالا فالیّ انا ولی من لا ولی لہ لیکن اگر کوئی بال بچے چھوڑ کر جاتا ہے اور مال چھوڑ کر نہیں جاتا ہے تو اس کا ولی میں ہوں گا اور اس کی نگہ داشت میرے ذمے ہے۔ (مسند احمد، ۴/ ۱۳۳) اس کے سلسلے میں علماء نے لکھا ہے کہ یہ ریاست کی ذمے داری ہے کہ کسی بھی بچے اور کسی بھی فرد کی ضروریات پوری ہونے سے نہ رہ جائیں۔ خاندان میں اس کا کوئی دیکھ بھال کرنے والا نہیں ہے تو ریاست اس کی ضروریات پوری کرنے کی ذمے دار ہو گی۔ اس کے ساتھ یہ بھی بتایا گیا کہ انسان دنیا کو مقصود نہ بنائے۔

سماجی حقوق

حقوق کے ذیل میں سماجی و معاشرتی حقوق کی بڑی اہمیت ہے۔ یہ اسے لازماً ملنے چاہئیں۔ سماجی اور معاشرتی حقوق کا تصور یہ ہے کہ آدمی سماج اور معاشرے میں فعّال کردار (Active Part) ادا کر سکے۔ یہ اس کا حق ہے کہ اسے بے کار یا عضو معطل بنا کے نہ رکھ دیا جائے۔ اس پر ایسی پابندیاں نہ ہوں کہ وہ کچھ نہ کر سکے۔

اسلام میں اس کا تصور بالکل واضح ہے۔ اسلام فکر و عمل کی آزادی کا قائل ہے۔ جو لوگ غور و فکر نہیں کرتے ان کے بارے میں وہ کہتا ہے کہ انھیں کیا ہو گیا ہے کہ جانوروں کی طرح بے سوچے سمجھے زندگی گزار رہے ہیں۔ وہ دنیا کے آغاز و انجام پر غور کریں اور سمجھیں۔ عمل کی بھی وہ پوری آزادی دیتا ہے البتہ ہر شخص کو اس بات کی پابندی ضرور کرنی ہوگی کہ کوئی ایسا قدم نہ اٹھائے، جس سے فساد پھیلے اور معاشرہ کو نقصان پہنچے۔ پیغمبروں کی دعوت کی اولین بنیاد توحید ہوتی تھی، یعنی یہ کہ اللہ واحد کی عبادت کی جائے۔ پھر وہ کہتے تھے:

لَاتُفْسِدُوافِي الْاَرْضِ بَعْ۔۔۔۔دَ اِصْلاَحِهَا (الاعراف:۸۵)

زمین میں اصلاح کے بعد بگاڑ نہ پیدا کرو۔

مطلب یہ ہے کہ اللہ نے اپنے قانون کو اصلاح کا ذریعہ بنایا ہے۔ اس کی موجودگی میں فساد برپا نہ کرو۔

اظہارِ خیال کی آزادی

اظہار خیال کی آزادی انسان کا ایک بنیادی حق ہے۔ اسلام نے اسے یہ حق عطا کیا ہے۔ اس کے نزدیک انسان کے اس حق پر ناروا پابندی نہیں لگنی چاہیے، لیکن وہ اس بات کا اسے پابند بناتا ہے کہ اظہارِ خیال کے نام پر وہ بے حیائی نہ پھیلائے، کسی کی دل آزاری نہ کرے، کسی کا مذاق نہ اُڑائے، کسی کی عزت و آبرو سے نہ کھیلے اور

ملک و ریاست کو خطرے میں نہ ڈالے اور اس کے خلاف سازش نہ کرے۔ ان شرائط کے ساتھ اسے اظہار رائے کی آزادی ہے۔ دنیا کا کوئی قانون ایسا نہیں ہے جو اس پر اس نوعیت کی پابندی نہ لگاتا ہو۔ یہ اور بات ہے کہ آج بہت ساری چیزوں کا شمار بے حیائی میں نہیں ہے۔ اسے اس کی چھوٹ حاصل ہے۔

خاندانی زندگی گزارنے کا حق

یہ بھی انسان کا ایک حق سمجھا جاتا ہے کہ اسے خاندان بسانے کی اجازت ہو۔ اس لیے کہ خاندان انسان کی ایک فطری ضرورت ہے۔ اس معاملے میں اسلام کی تعلیمات اتنی واضح ہیں کہ اس کی وضاحت کی چنداں ضرورت نہیں ہے۔ وہ کہتا ہے کہ خاندان خدا کا عطیہ اور انعام ہے۔ آدمی کے بچوں اور پوتوں کا پھیلنا اس کے لیے زحمت نہیں، بلکہ باعثِ رحمت ہے۔ خاندان کے سلسلے میں اس سے بڑی بات اور کیا کہی جاسکتی ہے؟ پھر یہ کہ اس نے خاندان کا پورا سسٹم دیا ہے اور اسے باقی رکھنے کی تاکید کی ہے۔

خلوت کا حق

تنہائی اور خلوت (Privacy) کو بھی انسان کا ایک حق تسلیم کیا گیا ہے۔

قرآن نے نہ صرف یہ کہ یہ حق دیا ہے، بلکہ اس کی تاکید کی ہے کہ کسی کی نجی زندگی میں مداخلت نہ کی جائے، یہاں تک کہ حکومت کو بھی اس میں مداخلت کا حق نہیں ہے۔

ملکی و ملّی خدمات کا حق

یہ بھی انسان کا ایک بنیادی حق تسلیم کیا جاتا ہے اور اسلام میں یہ حق پہلے سے موجود ہے کہ انسان کو ملک و ملت کی خدمت اور تنقید و اصلاح حال کا موقع ملنا چاہیے۔ اسلام نے انسان کو یہ حق فراہم کیا ہے اور بتایا ہے کہ جو انسان ملک کی خدمت کرتا ہے وہ سماج کا بہترین اور قابل قدر انسان ہے۔ رسول اللہ ﷺ نے فرمایا: "قوی مومن ضعیف مومن سے بہتر ہے۔" (صحیح مسلم، کتاب القدر، باب الایمان بالقدر، مسند احمد، ۲/۳۶۶) اس لیے کہ طاقت ور مومن انسانوں کی، سماج اور معاشرے کی خدمت کرے گا۔ جو کم زور ہے اس سے اس کی توقع مشکل ہی سے کی جاتی ہے۔ ایک موقعے پر آپ نے فرمایا کہ "وہ مومن جو لوگوں سے ملتا جلتا اور ان کی تکلیفوں کو برداشت کرتا ہے وہ بہتر ہے اس مومن سے جو نہ کسی سے ملتا ہے اور نہ ان سے پہنچنے والی تکلیفیں برداشت کرتا ہے"۔ (جامع ترمذی، ابواب صفۃ القیامۃ، باب فی فضل المخالطۃ مع الصبر علی اذی الناس، مسند احمد، ۲/۴۳) قرآن کہتا ہے کہ یہ انسان کا حق ہے کہ وہ سوسائٹی کی فلاح و بہبود کے لیے کام کرے۔

منافقوں سے کہا گیا کہ تمھاری سر گوشیاں تمھارے حق میں سود مند نہیں ہیں، اس لیے کہ یہ ایک طرح کی سازشیں ہیں ۔ ہاں اگر تم لوگوں کی اصلاح اور امر بالمعروف و نہی عن المنکر کی بات کرو تو یہ تمھارے حق میں بہتر ہو گا اور اللہ اجر عظیم سے نوازے گا۔(النساء:۱۱۴)

دفاع کا حق

ایک اور چیز جس کا آج بڑا چرچا ہے وہ ہے دفاع۔ اس بات کو تو دنیا تسلیم کرتی ہے کہ ہر ایک کو دفاع کا حق ہے۔ کوئی شخص کسی کی جان لینا چاہے، کسی کی عزت و آبرو پر حملہ آور ہو یا کسی کا مال چھیننا چاہے، اس کی جائیداد پر قبضہ کرنا چاہے، اس کے گھر کو آگ لگانا اور اس کی بیوی بچوں پر حملہ کرنا چاہے، تو ظاہر ہے کہ وہ خاموش نہیں بیٹھے گا، اس کا دفاع کرے گا، لیکن اس میں بے احتیاطی دو پہلوؤں سے ہوتی ہے۔ کبھی تو یہ ہوتا ہے کہ دفاع کے نام پر آدمی ان باتوں کا خیال نہیں رکھتا جن کا خیال رکھنا چاہیے۔ اور کبھی یہ ہوتا ہے کہ دہشت گردی اور تشدد کے نام پر آدمی کو دفاع کے حق سے محروم کر دیا جاتا ہے۔ اسلام میں دفاع کا بہت واضح تصور موجود ہے کہ دفاع کب ہونا چاہیے اور کیسے ہونا چاہیے، وہ کن حالات میں جائز ہے اور کس حد تک جائز ہے اور کہاں حدود سے تجاوز ہوتا ہے؟ یہ تمام چیزیں قرآن و حدیث میں موجود ہیں اور ہمارے علماء و فقہاء نے بھی بڑی تفصیل سے اس پر لکھا ہے۔

دفاع انسان کا بنیادی حق ہے، لیکن اگر دفاع کے نام پر ظلم ہو تو یہ غلط ہے۔ یہاں انفرادی دفاع کی بات ہے۔ ریاست اور ریاست کے درمیان جو مقابلہ ہوتا ہے اس کی یہاں بحث نہیں ہے۔

کم زوروں کے حقوق

کسی جمہوری آئین کی ایک لازمی خصوصیت یہ سمجھی جاتی ہے کہ اس میں اقلیتوں اور کم زور طبقات کے لیے تحفظ فراہم کیا جائے، انھیں دوسروں کے مساوی حقوق دیے جائیں، ان کی حق تلفی نہ ہونے پائے اور انھیں ظلم و زیادتی سے بچانے کی تدبیر کی جائے۔

اسلام کے آنے سے پہلے کم زوروں کے حقوق عرب ہی میں نہیں، دنیا میں کہیں بھی محفوظ نہیں تھے۔ ان کا بری طرح استحصال ہو رہا تھا اور ان پر ظلم و زیادتی آخری حد کو پہنچ چکی تھی۔ اسلام نے شروع ہی سے ان کے حق میں آواز اٹھائی اور ان پر جو ظلم و زیادتی ہو رہی تھی اس پر سخت وعید سنائی اور دنیا و آخرت میں اس کے برے انجام سے خبردار کیا۔ اس نے خواتین کے، زیر دستوں اور محکوموں کے، یتیموں، لاوارث بچوں، معذوروں، بوڑھوں اور ضعیفوں کے حقوق صرف بیان ہی نہیں کیے، بلکہ عملاً فراہم کیے اور معاشرہ کو ان کے ساتھ بہتر سے بہتر سلوک کی ترغیب دی اور ہم دردی اور تعاون کا جذبہ پیدا کیا۔

مذہبی آزادی کا حق

حقوق انسانی کے علم بردار مذہبی آزادی کو بھی انسان کا ایک حق قرار دیتے ہیں ۔ اسلام نے بہت واضح الفاظ میں اس کا اعلان کیا ہے۔ قرآن کہتا ہے کہ اگر اللہ چاہتا تو تمام لوگوں کو اپنے دین کا پابند بنا دیتا کہ کوئی اس سے بغاوت نہ کرتا، لیکن اللہ نے مذہب کے معاملے میں اس کو آزادی دی ہے اور اس کی یہ آزادی باقی رہنی چاہیے۔ اسی میں اس کا امتحان ہے۔ حضور ﷺ کے قلب میں فطری طور پر یہ تمنا موج زن تھی کہ آپ کے مخاطبین میں سے ہر ایک کو راہ ہدایت مل جائے۔ آپ سے کہا گیا:

لَیْسَ عَلَیْکَ ھُدٰاھُمْ وَلٰکِنَّ اللّٰہَ یَھْدِیْ مَنْ یَّشَآءُ (البقرۃ:۲۷۲)

آپ کی ذمے داری نہیں ہے کہ لازماً انھیں راہِ راست پر لے آئیں، بلکہ یہ اللہ کا کام ہے وہ جسے چاہتا ہے ہدایت دیتا ہے۔

یہ اصول بھی بیان ہوا ہے کہ:

لَآاِکْرَاہَ فِی الدِّیْنِ قَدْ تَّبَیَّنَ الرُّشْدُ مِنَ الْغَیِّ (البقرۃ:۲۵۶)

دین کے سلسلے میں کوئی جبر نہیں ہے، ہدایت اور ضلالت واضح ہو چکی ہے۔

یعنی اب یہ آدمی کا اختیار ہے کہ وہ جس راہ کو چاہے اختیار کرے۔

فَمَنْ شَآءَ فَلْیُؤْمِنْ وَّمَنْ شَآءَ فَلْیَکْفُرْ (الکھف:۲۹)

جس کا جی چاہے ایمان لائے اور جس کا جی چاہے انکار کر دے۔

قرآن مجید نے کہا کہ مذہب پر گفتگو بھی ہو سکتی ہے، لیکن یہ گفتگو تہذیب کے دائرے میں ہونی چاہیے۔ ہدایت ہے: وَجَادِلْهُم بِالَّتِي هِيَ أَحْسَنُ (النحل:۱۲۵) یعنی مذہب پر گفتگو ہو تو سلیقے اور تہذیب سے ہو، اس کے لیے غلط اور ناشائستہ انداز نہ اختیار کیا جائے۔ ہمارے علما نے یہاں تک لکھا ہے کہ اگر کوئی غیر مسلم، اسلامی ریاست میں علی الاعلان یہ کہتا ہے کہ میں قرآن کو اللہ کی کتاب نہیں مانتا، محمد ﷺ کو اللہ کا رسول نہیں تسلیم کرتا تو بھی اسلامی حکومت اس کے خلاف کوئی اقدام نہیں کرے گی۔ ہاں اگر وہ بدزبانی پر اتر آئے تو اس کے خلاف کارروائی کی جائے گی۔ رسول اللہ ﷺ کی شان میں یا حضرت موسیٰؑ، حضرت عیسیٰؑ یا کسی بھی پیغمبر کی شان میں گستاخی ایک قابل تعزیر جرم ہے، اس کے ارتکاب پر اسلامی ریاست قتل کی سزا تک دے سکتی ہے۔ اسی طرح کسی بھی مذہب کے بانی یا اس کی محترم شخصیات کی توہین و تحقیر اور اس کے متعلق بد کلامی، سزا کی مستحق ہوگی اور قانون کے مطابق اس پر سزا دی جائے گی۔

حقیقت یہ ہے کہ جو حقوق کسی فرد یا طبقہ کو لازماً ملنے چاہئیں اسلام وہ تمام حقوق فراہم کرتا اور انسان کے فطری تقاضوں کی بہتر انداز میں تکمیل کرتا ہے۔ سب سے بڑی بات یہ کہ وہ دنیا ہی کی کامیابی کا نہیں، آخرت کی فوز و فلاح کا بھی ضامن ہے۔ اس کے ہوتے ہوئے دونوں جہاں کی کامیابی کے لیے کسی دستور اور کسی ضابطۂ حیات کی ضرورت ہی باقی نہیں رہتی۔

* * *

مذہب اور سائنس کے تقابلی موازنے پر منتخب مضامین

مذہب اور سائنس

مرتبہ : ادارہ محدث

بین الاقوامی ایڈیشن جلد منظر عام پر آرہا ہے